JN410871

분노 잠재우기

분노 잠재우기

초판 1쇄 인쇄일 2017년 3월 15일 .
초판 1쇄 발행일 2017년 3월 22일

지은이 김광성
펴낸이 양옥매
디자인 이수지
교　정 조준경

펴낸곳 도서출판 책과나무
출판등록 제2012-000376
주소 서울특별시 마포구 방울내로 79 이노빌딩 302호
대표전화 02.372.1537　**팩스** 02.372.1538
이메일 booknamu2007@naver.com
홈페이지 www.booknamu.com
ISBN 979-11-5776-407-5 (03810)

이 도서의 국립중앙도서관 출판시도서목록(CIP)은 서지정보유통지원 시스템 홈페이지(http://seoji.nl.go.kr)와 국가자료공동목록시스템(http://www.nl.go.kr/kolisnet)에서 이용하실 수 있습니다.
(CIP제어번호 : CIP2017006129)

분노 잠재우기

김광성 지음

책과나무

읽기 전에

밤이 깊었습니다. 낮에 밝은 태양을 보려다가 보지 못하고 창문을 여니 달빛이 있었습니다. 나에게도 비치는 달빛과 함께 떠오르는 많은 생각들 가운데 편안한 삶과 힘든 삶에 대한 생각을 해 봅니다. 삶이 항상 편안하면 얼마나 좋겠습니까마는 삶에는 정답이 없기에 편안한 삶을 사는 게 이렇게 힘이 드나 봅니다.

저성장의 경제 상황, 나아질 것 없는 가정의 수입, 불만스러운 정치, 새로운 경제 계급인 비정규직의 증가, 금 수저, 흙 수저 등등이 우리를 향해 돌을 던지는 느낌이라 스멀스멀 화가 밀려옵니다. 미래에 대한 염려, 두려움과 함께 마치 분노 조절에 장애가 온 것처럼 답답하기만 합니다.

마음의 평안을 찾을 수 있는 방법은 있을까요? 과거 성인들이 써 놓은 고전에서, 종교에서, 좋아하는 학문에서, 분노를 극복하기 위한 행동에서 찾으면 되겠죠.

그러나 앞의 방법에서 평안을 찾기 위해서는 우리의 생각을 표현하는 용어의 개념과 성질을 정확하게 아는 것이 중요합니다. 정확히 알지 못하고 사용하면 생활에서 혼동이 생기고 그렇게 반복적으로 사용하다 보면 생각들이 헝클어져 마음에 불편함이 생기기 때문입니다.

생각을 표현하는 용어의 개념과 성질은 시간의 흐름에 따라 학문의 분야별로 변해 왔습니다. 그중에서도 철학은 과학과 서로 융합하여 마음의 평안을 찾기 위해 노력해 왔으며 지난 2000년 이후의 현대 과학은 엄청난 양의 측정 자료와 결과를 쏟아 내었습니다. 지난 16년간의 과학적 성과가 지난 3천 년간의 철학과 종교의 의문에 많은 증거를 들이대었으니까요.

현대는 모든 것이 유기적으로 연결되는 시대인 만큼 우리가 스스로 밝은 지혜를 가지고 현상에 대처할 수 있어야 삶이 불편하지 않습니다. 살면서 잘 풀리지 않는 상황에 맞닥뜨려 답답함을 느낄 때 나름의 위안을 얻으시면 좋겠습니다.

2017년 3월

김 광 성

차례

contents

«2» 나와 상대에게 화가 날 때

«3» 인간관계가 원만하지 못할 때

«4» 사회나 조직에 잘 적응되지 않을 때

«5» 미래에 대한 희망을 가지고 싶을 때

«6» 기타

2부_ 밝게 배우기 편

«1» 삶의 바탕이 궁금할 때

«2» 마음의 본질을 알고 싶을 때

«3» 마음을 다스리고 싶을 때

3부_ 종교 편

1부_ 생활 편

« 1 »

삶이 지치거나 힘들다고 생각될 때

과거, 현재, 미래가 시간이라는
관념 속에서 순식간에 흘러갑니다.
순식간에 현재가 될 미래를 왜 염려하나요?

일:
일이 많아 힘들 때

바람이 불어옵니다.
뜨거운 바람
미지근한 바람
차가운 바람

하루 종일 밭 갈고
돌아가는
소들의 행렬

언제부터인가
일은
인생의 전부입니다.

삶을 스쳐 지나가는
바람 같은 일에
마음을 빼앗깁니다.

만질 수도
볼 수도 없는
바람에
마음이 요동칩니다.

모두가
스쳐 지나가는
바람인 것을…….

행복:
불행하다고 느낄 때

행복이란 기쁨과 즐거움을 느끼는 상태입니다.
행복을 매 순간마다 느낄 수 있다면 얼마나 좋겠습니까?

행복은 저 멀리 있는 것이 아닙니다.
어디엔가 행복이 있을 거라는 생각은
물을 찾아 헤매는 목마름을 농락하는 신기루일 뿐

행복은 어디에도 존재하지 않습니다.

현실은 우리에게 살아 있는 동안
행복만 느낄 수 없다고 하네요.

행복하다고 느끼는 어느 순간 기쁨과 즐거움은 중단되고
좋은 추억이라는 이름으로만 기억되며
기쁨과 즐거움이 떠난 자리엔 슬픔과 분노가 찾아옵니다.

슬픔과 분노를 잊어버릴 수 있다면
행복은 더 이상 멀리 있거나 가까이 있는 것이 아닌
내가 만들어 가는 것입니다.

⇨ 구체적인 행동: 상대에게 말을 예쁘게 합시다.

이별:
돌이킬 수 없는 헤어짐을 느낄 때

이별은 사귀거나 맺은 관계를
끊고 따로 갈라서는 것입니다.

이별의 이유와 종류는 무수히 많습니다.
사랑의 이별, 죽음의 이별, 갑작스러운 이별,
준비된 이별, 일시적인 이별 등
모든 이별에 아름답거나 멋진 이별은 없습니다.

이별의 시간은 길면 길수록
멋을 부리면 부릴수록 마음은 힘들어지므로
이별은 단박에 끊어야 합니다.

이별은 스스로 받아들이고 기다려야만 시간이 해결해 주므로
이별은 받아들임이 중요합니다.

이별을 느끼는 의식의 고통은 스스로 겪어야 합니다.

그대가 이별을 견디지 못할 정도여서
스스로 고통을 겪을 수밖에 없는 상태라면
이별이 주는 아픔과 고통의 생각에서
벗어나기 위해서라도
몰입할 수 있는 다른 상대나 일을 만나야 합니다.

그대가 새로움을 추구하고 몰입하다 보면
'새로움'이라는 미래의 생각이
현재의 생각인 이별과 충돌을 일으켜
이별을 잊어버리는 망각이 작동합니다.

이별의 원인은 외부에서 발생합니다.
그대가 이별이라는 말이 나오기 전에 상대를 받아들이면
그대는 헤어지질 않습니다.

욕심과 욕망:
돈으로부터 자유롭고 싶을 때

욕심은 적당히 가지고 적당히 누리지를 못하는
적당함을 지나친 마음입니다.

욕망은 가지고 싶고 하고 싶은 간절한 바람입니다.

욕심은 지나쳐서 탈이고
욕망은 바라는 것이 간절하여 탈입니다.

지나치거나 간절하면 우리의 애간장은 녹습니다.

욕심과 욕망이 우리에게 말합니다.
적당하게 바라며 적당하게 가지고 누리는 것이
지혜로운 삶을 사는 방법이라고…….

외로움

외로움은 우주의 사물과 소통하지 못한
홀로된 쓸쓸한 느낌
외로움은 군중 속의 고독과 같은 것입니다.

지금 그대는 외로움을 느끼나요?
외로움에게는 시간(時間)과 함께
허무(虛無)가 올 수도 있습니다.

그런데 삶은 허무할 수가 없습니다.
삶은 비어 있는 것이 아니라 살아가는 것이라
외로움은 스스로가 느끼는 허무한 생각일 뿐입니다.

우주에서 한 번뿐인 삶을 허무하게 보낼 것인가요?

그대가 외롭다고 느낀다면 사소한 일부터 시작하세요.
몸을 씻고 청소를 하고 하고 싶은 운동을 하는 것도
외로움을 멀리할 수 있는 일입니다.

외로움은 상대와의 소통을 잊고 지내게 만들며
자연스러움을 역행합니다.
외로움은 가족 간의 원활치 못한 소통에서
동료와의 불화에서 오는 것일 수도 있습니다.

그대 먼저 손을 내미세요.
존중과 배려의 마음이라면 외롭지 않을 겁니다.

그대는 지금 외로움을 느끼나요?

삶에 대한 막연한 외로움이라면
그대는 생각이 깊은 사람입니다.

막연한 외로움은 그대가 만들어 낸 느낌
막연한 외로움에 끌려다닐 건가요?

그대의 자존심(자아 존중의 마음)은
외로움을 불쌍하게 바라봅니다.
그대가 외롭다고 느낀다면 외로움의 정체를 알아야 합니다.
외로움은 그대가 만들어 낸 환상*입니다.

외로움의 실체를 아는 그대는 더 이상 외롭지 않습니다.
우주의 사물과 소통하느라 바쁘니까요.

* 환상: 주체가 있는 상상의 드라마

미래에 대한 염려:
미래가 불안하다고 느낄 때

시간은 흘러가고
미래는 현재가 되고 현재는 과거가 됩니다.

과거, 현재, 미래가 시간이라는 관념 속에서
순식간에 흘러갑니다.
순식간에 현재가 될 미래를 왜 염려하나요?

염려란 여러 가지로 마음이 쓰이는 상태입니다.
염려란 잘못될까 불안해하는 상태입니다.
염려란 속을 태우는 상태입니다.
염려란 어느 하나 제대로 쓸 것이 없습니다.

쓸데없는 염려는 버리고
현재에 집중하는 그대는 밝은 사람입니다.

자살

자살은 스스로의 삶을 중단시키는 행위
자살은 그대에게 현실의 고통을 중단시키며
현실의 문제를 회피하라 합니다.

무엇이 그대를 고통스럽게 하나요?
고통이란 몸과 마음이 견디기 어려운 상태나 느낌이지만
그대를 고통스럽게 하는 것은 어디에도 없답니다.

그대 스스로가 만든 환상일 뿐
실체가 없는 환상에 끌려다니지 마세요.

현실에서 그대가 처한 상황은
사람과의 관계에서 일어나는 스쳐 지나가는 일일 뿐

현실에서 그대가 느끼는 절망적인 감정은
일시적이며 믿음이 별로 없는 의식들의 작용이랍니다.

진실로 진정성이 없는 의식들과 이별하고 싶다면
사람들과 대화를 시작하는 것이
자살을 죽이는 의로운 행동입니다.

행동:
현실이 두려울 때

행동은 몸을 움직여 어떤 동작을 하는 것입니다.
행동은 안과 밖의 자극에 대한 반응입니다.

삶은 목적과 동기가 있는 행동에만
가치를 주며
그 행동은 의지와 만나
비로소 가치 있는 행동이 됩니다.

아무 생각 없는 행동은 가치 없는 행동이며
아무것도 하지 않으면 아무 일도 일어나지 않습니다.

행동을 만드는 원인은 의지입니다.
하고자 하는 의지로 성실하게 행동하면
삶은 그대에게 박수를 보낸답니다.

거시기:
거식

길을 떠나가는 사람
길로 돌아오는 사람

서로의 길이 바빠
눈 맞춤도 없이 스쳐 지나가네요.
삶이 끝날 때까지 가야 하는 길
바삐 갈까 쉬었다 갈까
고민하며 사는 우리네 인생
하늘을 향해 외쳐 봅니다.

어이 거시기* 할 거나

* 거시기의 옛 뜻: 한자어로 거식(去息: 갈 거, 숨쉴 식) 가든지 쉬든지 결정하는 것으로, 현대에는 이름이 바로 생각나지 않거나 표현이 애매할 경우 쓰는 용어입니다.

무관심

무관심은 끌리는 마음이 없는
재미나 즐거움이 일어나지 않는 감정입니다.
무관심은 타인에게 관심이 없고 타인의 관심도 거부하며
상대와의 교감도 무시합니다.

무관심과 관심은 종이 한 장의 차이입니다.
스스로 재미와 즐거움을 찾는다면
무관심은 기분 좋은 관심으로 바뀔 수 있습니다

그러나 지나친 관심은 독이 되므로
상대가 내버려 두기를 원할 때 원하는 대로 해 주어
스스로 관심으로 돌아오도록 합니다.

내버려 두는 것은 무관심이 아니라
상대에 대한 관심과 배려의 마음입니다.

내버려 둔다는 것은
상대가 잘 되기를 바라는 관심이 있기에
흘러가는 시간 속에 홀로서기를 바라는 마음입니다.

무관심에는 아름다움이 없습니다.
무관심은 타인의 죽음보다
내 발가락 가려운 것이 더 중한 이기적인 마음이므로
무관심은 우리가 버려야 할 것임에는 분명합니다.

무관심과 지나친 관심에서 벗어난 삶을 살아야 할 때입니다.

무소유

무소유는 가진 것이 없는 상태
삶에서의 무소유는 평안(平安)을 유지할 수 있게
지나치지 않은 만큼 적당하게 갖는 것입니다.

많이 가지면 가질수록 마음은 근심과 걱정을 동반하여
파도와 같이 요동칩니다.
그래도 많이 가져 봤으면 하는 욕심이 일어나지요.

무소유는 깨끗한 하얀 종이
무소유는 마음의 평안

무소유는 하얀 종이 위에 채워 넣을
모든 것이 준비된 상태이기에
그대가 하기에 따라 모든 것이 채워질 수 있습니다.

무소유는 그대를 풍요롭게 만드는 첫걸음입니다.

좌절과 절망

좌절은 계획이나 일이 이루어지지 않는 상태라서
일에 대한 의지나 기운을 꺾습니다.
좌절은 그대의 선택이 무언가로부터 방해받아 생긴답니다.

좌절은 정당한 이유이건
정당하지 않은 이유이건 간에
크기의 차이는 있지만
상대를 적으로 여겨 공격하는 마음을 좋아합니다.

좌절은 누구나 겪습니다.
좌절은 누구의 탓도 아니며
단지 스스로의 자유 의지로 선택한
일의 결과가 좋지 않을 뿐입니다.

절망은 극한 상황에서 한계를 인식하는 상태입니다.

그러나 절망은 단지 상태를 보여 주는 것이지
절망 자체가 살아 움직이지는 않습니다.
좌절과 절망은 스스로 만들어 낸 상태입니다.

좌절과 절망을 딛고 일어서려면
좌절과 절망의 이유를 인정하는 긍정적인 마음
원인을 분석하고 적극적으로 도전하는 자세
충동적인 감정을 조절하는 힘이 필요합니다.

좌절과 절망은 실체가 없습니다.
허깨비와 같은 좌절과 절망이
그대를 끌고 다니게 놔둘 순 없습니다.

집착과 몰입

집착은 일이나 사물에 대해
마음의 균형을 잡지 못하여 매달리거나
사람에 대하여 한 방향으로 쏠린 마음에
매달리는 상태입니다.

집착은 우리에게 순간의 달콤함은 주지만
달콤함이 사라지면 삶은 고통 속에 빠집니다.

집착은 무의식적으로 스스로를 보호하기 위해
성적인 충동과 공격성을 동반합니다.

몰입은 일이나 사물에 대해
깊이 파고들거나 빠지는 상태입니다.

살면서 외로워 사람과 가까이하고 싶다면
한 방향으로 기울어진 마음을 가진 집착을 멀리해야 하며

그렇지 않다면 채워지지 않는 외로움과
스토킹을 친구로 삼아야 합니다.

그대는 무아지경(無我之境)*과
즐거움을 선사하는 몰입과 가까이하세요.
몰입은 열정과 상대에 대한 존중을 좋아합니다.

몰입은 분명한 목표와 스스로의 능력에 대한 파악
스스로와 주변을 개의치 않는 힘
생각을 행동으로 옮기는 힘이 필요하답니다.

집착과 몰입을 구별하는 그대는 매력적인 사람입니다.

* 무아지경: 스스로를 잊게 하는 상태를 말합니다.

만족:
불만족스러울 때

삶이 모자람이 없이 마음에 드나요?
그렇다면 그대는 만족하고 있습니다.

마음이 언짢거나 불쾌하나요?
그렇다면 그대는 불만족스럽습니다.

만족과 불만족은 의식들이 만들어 내는
통일된 느낌인 마음의 상태랍니다.

불만족은 비교하는 마음에서 출발합니다.
불평등(불공평)이 원인이 된 불만족은
노력하여 고쳐야 하나,
더 많이 가지기 위한 불만족은
채워지지 않는 욕심과 같습니다.

만족의 정도는 개인마다 다릅니다.

마음의 성질은 예측할 수 없는 결과와
연결된 새로움을 좋아하므로
불만족은 "더 많이 더 풍족하게!"를 외칩니다

삶에 욕심이 들어오는 순간,
삶은 언짢거나 불쾌한 불만족의 상태가 유지됩니다.

욕심은 우리에게 순간의 즐거움은 주겠지만
전체의 삶은 고통스럽게 됩니다.

만족을 적당함에서 찾는 삶은 그대를 여유롭게 합니다.

운:
불운하다고 느낄 때

운은 뜻하지 않게 일어나는 것 '우연'이라고도 합니다.
운은 원인과 결과의 자연 법칙에 포함되지 않는 성질
그래서 운은 예측할 수가 없습니다.

삶은 우연으로만 살 수가 없습니다.
삶은 최선의 노력을 다하고 운의 작용을 최소화하여야 합니다.

운이 나쁜 삶은 없습니다.
실패한 일은 본인이 알든 모르든 간에
원인과 결과에 따른 행위의 결과입니다.

운이 나쁘다는 생각은 자기합리화를 위한 방어 본능이랍니다.

삶에 좋은 운과 나쁜 운은 없습니다.
하고자 하는 의지와 최선의 노력과 준비가
일의 성공을 가져올 뿐입니다.

운이 좋았다는 것은 상대방에 대한 겸손의 표현이며
운이 나빴다는 것은 스스로에 대한 위로의 표현입니다.

행운의 로또는 로또를 사겠다는 의지가 원인이 되고
자동이나 수동 번호를 선택하는 행위는
당첨이 되기 위한 나름의 노력과 방법이며
공개 추첨은 확률이므로
오로지 운으로만 이루어지는 삶은 없습니다.

삶은 운보다 의지와 노력을 좋아합니다.

걱정과 불안감이 많은 이

걱정은 어떤 일이 잘못될까 생각하여
마음이 편하지 않은 것입니다.

걱정은 쓸 데가 없습니다.
쓸데없는 걱정을 적당한 긴장감으로 바꿀 수 있다면
일에 대한 예방과 대비가 가능합니다.

삶이 걱정거리에 빠진다면
산다는 것 자체가 고통스럽습니다.
삶은 걱정만 하고 살 수는 없습니다.

불안은 여러 가지 감정들이 충돌하여 생기는 것
불안은 두려움을 일으키는 원인입니다.

불안에 빠진 이는 안절부절못하여
감정들이 흩어지는 멍한 상태에 빠집니다.

불안은 피로감, 집중 곤란, 지나친 긴장감
수면장애를 동반합니다.
걱정과 불안감은 그대를 힘들게 합니다.

걱정과 불안감을 쥐고 있지 말고 놓아 버릴 줄 아는
그대는 마음이 밝은 사람입니다.

포기하지 마

포기는 하던 일, 하려는 일을 도중에 그만두는 것입니다.

삶은 오기로 한다고 무엇이든 다 이룰 수는 없습니다.

살다 보면 이룰 수 없는 일도 가끔은 있으나
그럼에도 불구하고 살면서 포기하지 않는 것은
포기하는 순간 이룰 수 있는 가능성이 전혀 없기 때문입니다.

삶은 포기하는 사람보다
이룰 수 있는 가능성을 높이기 위한
여러 가지의 방법들로 최선을 다하는
그대를 좋아합니다.

그대를 포기하게 만드는 어려움은 삶에서 순간이며
삶은 어려움의 본질을 알아차린 그대를 좋아합니다.

망설임

망설임은 이리저리 생각만 하고 결정하지 못하는 상태입니다.
그래서 망설임은 머뭇거림과 친합니다.

망설임에는 이유가 있습니다.
망설임은 원하는 마음과 잘못되면 어떻게 하나 하는 염려가 충돌하여 생깁니다.

망설임은 새로운 경험이 될 것인지
원하는 방향대로 될 것인지
미래의 결과를 미리 알고자 하는 마음에서 생깁니다.

그러나 미래의 결과는 아무도 알 수 없습니다.
미리 알고자 하는 마음은 단지 미래를 추측하는 방법을 통해
원하는 결과를 더 많이 얻고자 하는 것일 뿐,
망설임은 미래의 결과를 미리 알고 싶어 하는
어리석은 마음의 상태일 뿐입니다.

망설이면 후회한다는 말은
새로움을 추구하는 인간의 본성에 따라
익숙함보다는 새로움을 선택하라는 뜻입니다.

삶은 잠깐의 망설임은 괜찮으나
지속적인 망설임은 싫어합니다.

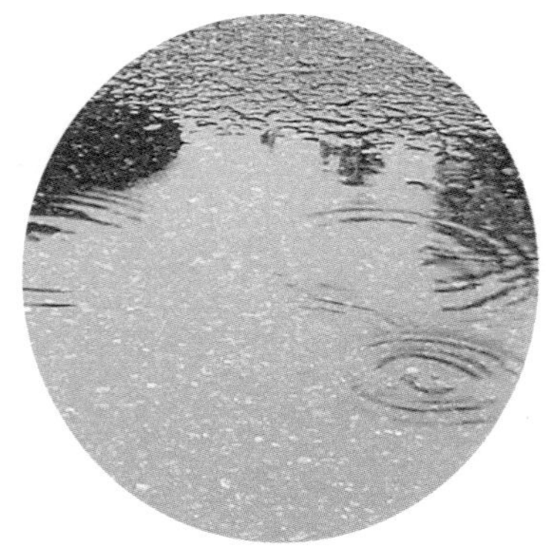

막막함

막막함은 시간 속에서 쓸쓸하고
공간 속에서 고요한 느낌입니다.
막막함은 뜻대로 되지 않아 막힌 것 같은 애타는 느낌입니다.
막막함은 유쾌하지 않은 느낌입니다.

이러한 막막함은 무엇으로부터 오는 걸까요?

막막함은 뚜렷하게 알 수 없는 논리적이지 못한
해결되지 않은 상태에서 오므로

삶에서 막막함을 느낀다면
삶 자체에 대한 뚜렷이 알 수 없는 막막함인지
현재에 맞닥뜨린 해결되지 않은 문제의 막막함인지
문제의 본질을 살펴보아야 합니다.
그대, 막막한가요?

세상의 중심에서 구석으로 밀려난 듯
스스로가 한없이 작아 보일 때 막막함은 힘차게 움직입니다.

막막함은 실체가 없으며 쓸 데도 없습니다.
막막함은 현재에도 미래에도
그대의 꿈과 성공을 갉아먹으며 삽니다.
막막함은 그대가 마음을 다시 추스르고
하고자 하는 의지와 노력을 불태울 때를 제일 싫어합니다.

« 2 »

나와 상대에게 화가 날 때

그대를 분노케 하는 것은 어디에도 없답니다.
초조함, 불안감, 두려움, 화냄에 휩싸인
그대의 마음만 남아 있네요.

열등감: 경쟁심이 느껴지거나
남이 잘되면 배가 아플 때

열등감은 스스로를 남보다 못하다는
비교하는 마음에서 생깁니다.
열등감은 스스로를 값어치(가치)가 없다고
평가하는 마음에서 생기네요.

이상과 현실의 격차가 큰 허황된 사람
남은 가지고 나에겐 없는 것에 민감한 사람
남에게 과도한 친절을 베푸는 사람
남을 깔보는 사람
남을 질책하고 험담하는 사람
남을 나의 틀에 강압적으로 끼우려는 사람

그대는 그럴 리가 없습니다.

열등감은 말합니다.
나와 남을 비교하는 것을 가장 좋아한다고…….

비교는 돈과 지식 성격과 능력 등 남과 나의 차이랍니다.
비교란 우주의 사물을 나누어 알아채는 분별심(分別心)입니다.

장자는 우주의 사물을 고르게 알고
비교하지 않으면 스스로 맑아진다고 말합니다.

삶은 시간과 함께 저마다 흘러가고

남과 나를 비교하지 않고 스스로 노력하는 그대는
열등감을 부숴 버리는 멋있는 사람입니다.

분노:
안과 밖의 내가 너무 다르거나 화가 날 때

분노는 억울함과 마음 아픔, 화냄이
서로 겹치고 얽혀서 폭발하는 상태입니다.

그대는 나의 노력과 긍정적 행위와 관계없는
불공평* 때문에 화가 나나요?

그대는 나의 기대와 다르게 행동하는 상대에게서
느끼는 실망 때문에 화가 나나요?

성인은 말합니다.
분노로부터 벗어나는, 생각 자체를 하지 않는
무념무상(無念無想)을 하라 합니다.

그러나 좀처럼 쉽지가 않네요.
성인의 가르침과 함께
스트레스를 해소할 또 다른 방법은 없을까요?

불공평 때문에 생긴 억울함과 마음아픔을
해결하기 위한 노력과 추진력은 분노를 잠재우며,

세상에 나와 같은 사람은 없기에 상대의 개성을 인정하고,
상대에 대한 일방적인 기대를 버린다면
분노는 스스로 잠듭니다.

* 불공평: 불공정과 불평등

싸가지+1:
상대가 싸가지 없을 때

싸가지는 네 가지 사람을 대하는 마음입니다.

인(仁)은 측은함으로 대하는 어진 마음
의(義)는 악을 미워하는 마음, 마땅히 해야 할 바를 하는 마음
지(智)는 옳고 그름을 가리는 마음
예(禮)는 상대를 공경하는 마음입니다.

그리고 플러스 원은 믿음
믿음은 상대의 진정성에 대하여
내가 느끼는 진실한 마음이네요.

싸가지 없는 사람은 되지 맙시다.
싸가지를 다 갖추면 그대는 대단한 사람
싸가지는 다 갖추기가 힘드나
그래도 노력은 해야 합니다.

스트레스

스트레스는 몸과 마음을 어지럽히는
긴장과 장애입니다.
스트레스는 좋고 나쁨의 문제가 아닌
불안감, 초조함, 두려움이네요.

이러한 스트레스를
희망과 용기로 바꿀 수는 없을까요?

스트레스를 느낄 땐
타인을 위하는 일이나 새로운 일을 하면
스스로 밝아진 사람이 된 듯한 느낌이 옵니다.

그대가 불안감, 초조함, 두려움을 받아들이면
스트레스는 적당한 긴장 상태가 되어
장애를 극복하려는 용기와 희망이 됩니다.

스트레스를 받아들이면 불안감, 초조함, 두려움은
한계를 극복하려는 에너지가 되어
도전하는 마음을 갖게 합니다.

스트레스는 적이 아니라 성공의 원동력입니다.
피할 수 없는 스트레스는 받아들여
이용할 줄 아는 지혜가 필요합니다.

자기 비하

자기 비하는 스스로를 털 한 오라기보다
중하지 않다고 생각하며 깔보는 것입니다.

자기 비하는 긍정적인 삶으로
이끌어 주는 자기 반성과는 다르답니다.
자기 비하는 스스로를 틀 안에
가둬 버리는 우울한 상태로 만듭니다.

그대의 삶은 바라는 대로 이루어지지 않아 생기는
현실과의 단절감을 원하지 않습니다.
그대의 삶은 극한 상황에 부딪히면
잃어버릴 것이 아무것도 없습니다.

몸조차도 내 것이 아닌데 스스로 깔보아 봤자
아무 데도 쓸 데가 없습니다.

그대 스스로가 만든 틀은 어디에도 없습니다.
그대가 스스로를 존중하고 사랑한다면
자기 비하는 눈 녹듯 사라집니다.

증오

증오는 몹시 미워하는 느낌이 강한 상태입니다.
증오는 한계에 부딪힐 때 생기는
불편한 감정이자 고통이며
스스로를 고통으로부터 보호하기 위한
자아의식의 작용입니다.

증오는 일시적으로 끝나지 않아
시간이 갈수록 강해지며
오래 지속되는 상태를 유지합니다.

증오는 상대에게 해를 끼치는 행동을 유발하며
상대의 기쁨은 나의 고통
상대의 고통은 나의 기쁨이 됩니다.

증오의 끝에는 승자가 없습니다.
단지 불편한 감정을 없애려 하다가
불편한 감정은 그대로 남고
상대와의 질긴 좋지 않은 인연만 남습니다.

증오는 사소한 일로부터 출발합니다.
상대가 나에 대한 편치 않는 지적과
해로운 행위를 시작하면
그대는 스스로를 들여다봐야 합니다.

상대의 지적과 행위가 이치에 맞다면
그대는 성찰하고 배우며 인정할 줄 알아야 합니다.

상대의 지적과 행위가 이치에 맞지 않다면
그대는 상대가 고칠 수 있도록 조언하며
상대가 조언을 받아들이지 않을 경우에도
그대는 화낼 필요 없이 그쯤에서 멈추어야 합니다.

그대는 덜 떨어진 사람과의 스쳐 지나가는
인연까지 잡을 필요는 없습니다.
증오는 그대를 힘들게 합니다.

« 3 »

인간관계가 원만하지 못할 때

따뜻한 마음으로 상대를 소중히 여긴다면

그대는 사랑할 줄 아는

스스로 미소 짓는 인생이 됩니다.

사랑:
애정 결핍과 집착을 느낄 때

사랑은 상대를 그리워하고 좋아하는 마음입니다.
사랑은 상대를 아끼고 위하며
소중히 여기는 마음입니다.
사랑은 따뜻하며 정성과 힘을 다하는 마음입니다.

사랑의 바탕은, 사랑을 지탱하는 핵심은
열정, 존중, 가치입니다.

열정은 마음을 움직이며
마음을 설레게 합니다.
그러나 동시에 열정은 유통 기한이 짧습니다.

존중은 그대와 나 모든 우주의 사물을 높이고
중(重)하게 여기는 것입니다.
열정이 떠난 자리에 존중은 언제까지나
자리를 지킨답니다.

가치는 상대를 알아보고 한계를 뛰어넘는
노력의 결과물입니다.

사랑은 노력이 필요합니다.
열정으로 사랑을 시작하고
열정이 식은 후엔 존중과 가치로서
사랑을 하세요.

설레는 마음으로 시작하고
상대를 열정적으로 대하며
열정이 식은 후엔
따뜻한 마음으로 상대를 소중히 여긴다면
그대는 사랑할 줄 아는
스스로 미소 짓는 인생이 됩니다.

믿음:
사람이 의심스러울 때

믿음이란 상대의 진정성에 대해
내가 느끼는 진실한 마음입니다.

믿음의 핵심은 진실
상대의 말과 행동이
진실을 만들기도 그렇지 않기도 합니다.

믿음은 종류가 많습니다.
무모한 믿음, 진실한 믿음,
맹목적인 믿음, 무조건적인 믿음

모두가 상대의 말과 행동에서
나오는 것임을 알아야 합니다.

그러나 상대의 진정성에 대한
판단이 잘못되어 상대가 의심스러우면
나와 상대가 얽혀 있는 상황을 살펴야 합니다.

의심은 잘못되어 가는 일을 바로잡기 위한
하나의 과정일 뿐이며
과정에만 머무른다면 원하는 결과를 얻을 수 없습니다.

뒤틀어지는 상태에 대한 순간의 화냄이나
잘못되어 가고 있음을 아는 순간 밀려오는 두려움 때문에
상대를 의심만 한다면 분노와 두려움에서 벗어날 수 없습니다.

의심에서 벗어나 상황을 살펴 이유를 찾고
해결하는 방법을 만드는 지혜가 필요합니다.

의심스러울 때 일이 잘못될 것을 부정하는 자기합리화로
상대를 무조건적으로 믿는 믿음은 그대를 병들게 합니다.

외모:
성형을 해야 하나 고민될 때

외모는 밖으로 드러난 모습입니다.
예쁜 외모, 평범한 외모, 못생긴 외모
생각으로 나누어 놓은 다양한 외모가 있습니다.

외모는 그냥 모습
외모는 단지 인식으로 나누어 놓은 것일 뿐
피고름 덩어리에 가죽 한 장 덮어 놓은 것일 뿐*
누구나 똑같습니다.

마음은 다듬으면 그 기운이
빛을 발하여 외모에 드러나므로
마음을 다듬는 것이 진정한 외모랍니다.

자신감이 충만한 노화된 외모는
자연스러운 모습을 좋아합니다.
자신감이 없어진 노화된 외모는
젊은 모습을 좋아합니다.

과도하지 않은 성형으로 없어진 자신감을
되찾을 수 있다면 성형은 필요할 수도 있습니다.
선택은 그대의 몫이나
모든 성형에는 부작용이 있습니다.

그대는 자신감이 충만한가요?
그렇다면 그대는 멋진 외모의 소유자입니다.

* 서산대사의 선가귀감에서 인용합니다.

갈등:
서로 미워하는 모습을 보일 때

그대는 칡(葛: 칡 갈)
나는 등나무
서로가 얽혀 있습니다.

갈등은 그대와 나의
서로 다른 감정에서 일어나네요.
갈등은 서로를 이해하지 못해 일어납니다.

서로를 이해하는 마음의 표현을 가로막는
갈등은 번뇌이자 망상입니다.

나는 그대의 입장을 생각하고 이해합니다.
나는 그대에게 긍정적인 내 마음을 표현합니다.
그렇게 되면 갈등은 더 이상
그대와 나를 방해하지 못합니다.

원망:
믿었던 사람이 원망스러울 때

원망은 못마땅하여 탓하거나 미워하는
나의 마음입니다.
원망은 나의 마음에 들지 않는 그대입니다.

원망은 바라는 바가 좌절되어
몸과 마음의 긴장을 해소하기 위한
생존 본능의 반응입니다.

내가 바라는 바가 이루어지지 않은 것이
정녕 그대 때문인가요?
나를 좌절케 하는 것은 그대 때문이 아닌
나의 잘못된 선택과 집중이랍니다.

잘못된 선택으로 인한
나의 원망을 받아 주는 상대가 있다면
나의 긴장을 풀어 주는 상대에게
고마워해야 합니다.

선입관과 편견

선입관은 상대를 바로 보지 않고
이미 마음속에 고정된 생각을 품는 것
선입관은 고정관념과 친합니다.

생각은 항상 변화하는 것이라
고정될 수가 없는데
항상 변화하는 실체가 없는 생각을
고정시키려 한다면 어리석은 생각입니다.

어리석은 생각으로 상대를 바라본다면
상대를 바로 볼 수가 없답니다.
선입관은 상대를 바로 볼 수 없는 어리석은 생각
따라서 상대를 있는 그대로 바라보아야 합니다.

편견은 한쪽으로 기울어진 생각
상대의 말과 행동을 보고 듣기도 전에
한쪽으로 기울어진 생각이 문제입니다.

혹자(惑者)는 말합니다.
편견이 옳은 경우 편견에 대한 편견이 아니냐고…….

편견은 옳고 그름의 문제가 아닌
상대를 있는 그대로 보고 판단하는
균형 잡힌 생각을 해치고 있답니다.

선입관과 편견은 버려야 마땅합니다.

대인 관계

대인 관계는 사람을 마주하여 사귀는 일
대인 관계는 사람들과 심리적으로
연결되고 얽혀 있는 상태입니다.
대인 관계는 상대와 나를
가까운 사람으로 만드는 일

관계가 서로 좋은 대인 관계는
상대를 편하게 대해 주는 것입니다.

나의 의견보다는 상대의 얘기를 많이 들어 주며
좋지 않은 소식보다는 좋은 소식을 들려주고
상대를 비난하지 않고
사소한 것이라도 칭찬하는 행위

이러한 행위를 하는 당신은 원만한 사람이며
대인 관계가 좋은 사람이라 불립니다.

부모 자식 간 가족 관계

부모와 자식이 서로 맺는 관계가
가족끼리 서로 막힘이 없어 잘 통하면 좋으련만
삶은 그렇지가 못합니다.

막힘이 생겨 통하지 못하면
사랑과 미움의 마음이 생기는 것

부모와 자식은 사랑과 미움의 기억들을 꺼내어
귀 기울여 대화를 합니다.
미움을 비우고 존중과 배려의 마음이 시작된다면
애증은 눈 녹듯 사라집니다.

부모는 자녀를 칭찬하고 격려하며
대화를 원할 때면 귀 기울어 주어야 하며
자녀의 입장에서 감정을 느껴 봅니다.
부모는 자녀의 선택을 존중하여 주며
자신감을 갖도록 대화를 시도합니다.

자녀는 부모에게 스스로의 문제는
가능한 스스로 해결하며
해결되지 않는 문제는 부모에게 상의합니다.
부모의 입장에서 감정을 느껴 보며
상황에 대한 책임감을 갖도록 노력합니다.

부모와 자식은 둘이면서도
둘이 아닌 관계입니다.

형제자매 간 가족 관계

형제와 자매 간에 서로 맺는 관계가
막힘이 생겨 통하지 못하면
사랑과 미움의 애증이 생깁니다.

형제자매는 혈연으로 맺어져
같은 공간을 공유하는 수평적인 관계
형제자매는 우호적일 수도
갈등 관계일 수도 있습니다.

질풍노도의 시기인 청소년 형제자매는
공평하게 역할을 분담하고
서로에 대한 믿음으로 협조하고 양보해야 합니다.

성인의 형제자매는 서로에 대한 믿음으로
인격적인 대우와 독립성을 인정하고
감당할 수 있는 도움의 범위 내에서 지원하며
과도한 협력은 하지 않아야만
형제자매는 서로 웃게 됩니다.

친화력:
사람들과 겉돌 때

친화력은 사람과 사물이
서로 잘 어울리는 힘입니다.
친화력은 결합하는 힘의 세기이기도 합니다.

그대, 사람들과 잘 어울리나요?
그렇지 못하다면 그대가 어울리지 못하고
사람들과 겉도는 원인은 스스로에게 있습니다.

친화력은 상대가 발휘하는 것이 아니라
스스로가 보여야 합니다.

친화력은 상대를 위한 봉사입니다.
친화력은 인내입니다.
친화력은 상대를 포용하는 힘입니다.
친화력은 상대에게 나를 자랑하지 않는 힘입니다.
친화력은 상대를 치켜세우는 힘입니다.

친화력은 조금 손해 보는 듯한 처신으로
상대에게 양보하는 힘입니다.
친화력은 부정적인 사고를 버리고
긍정적인 사고를 하는 힘입니다.
친화력은 상대가 세상 일의 중심에 서려 할 때
이해해 주고 경청하는 힘입니다.

친화력의 근원은
상대에 대한 존중과 배려입니다.
존중과 배려는 이 세상 최고의 처세술이며
친화력의 형태로 나타납니다.

부정적인 언어로 말해야만 할 때

살다 보면 여러 가지 이유로
부정적인 말을 해야 할 때가 있습니다.

무엇 때문에 상대를 부정하는 상황에 처했나요?
상대를 부정하는 이유는 많습니다.
상대가 이기적이거나 논리적이지 못하거나
험담과 관련이 있거나 등 이유가 있답니다.

그대는 분노와 함께 부정적인 말을
하고 싶은 충동에 휩싸이게 되나
삶은 그대가 진흙탕 속에 빠지기를 원하지 않습니다.

삶은 그대가 덜 떨어진 상대와 같아지는 것을 싫어합니다.

진실한 내용, 상대를 험담하지 않는 내용
스스로를 자랑하지 않는 내용
논리적인 내용을 담은
상대에 대한 부정적인 말을 하는 그대의 말을
받아들이지 않는 사람은 덜 떨어진 사람입니다.

그런 사람과의 교류는 그대의 삶을 힘들게 할 뿐
가까이도 멀리도 두지 않는 삶을 살아야 합니다.

험담

험담은 상대의 잘못되거나 흉이 될 만한
점을 찾아내어 헐뜯는 것입니다.
이러한 험담의 본질은 두려움입니다.

두려움 많은 이는 스스로를 보호하기 위해 상대를 공격하며
없는 사실을 만들어 하거나 자그마한 사실을
부풀려 하는 경우가 많습니다.

험담은 가끔 스스로의 두려움과 긴장감을 해소하는
즐거움을 주는 듯한 착각을 일으키기도 합니다.

그대는 상대를 험담하나요?
그대는 험담을 당하는 상대가 고통을 겪는다는 사실을 아나요?

험담은 스스로를 삶의 실패자로 인정하는 것입니다.

살면서 항상 칭찬만 받거나
항상 험담만 받는 것은 아닙니다.
살면서 말 많은 이나 말 없는 이나
적당한 말을 하는 이도 험담을 듣습니다.

지나친 험담은 구체적인 증거를 찾아 대응할 수도 있으나
대부분의 험담은 그대가 반응이 없으면
재미없다 하며 그대를 떠나갑니다.

험담에 대해 입장을 바꿔
생각하는 그대는 좋은 사람입니다.

정

정은 마음의 작용이나 상태입니다.

그대가 상대에게서 친근한 마음을 느끼는 것은
정이 들었다고 표현하며
사랑을 느끼는 것은 정을 쏟고 있다고 표현합니다.

삶에는 많은 정들이 있습니다.
인정(人情)은 사람 간의 마음입니다.
동정, 연민의 정, 미운 정, 고운 정 모두가 인정입니다.
사정(事情)은 일의 현재 상태입니다.
물정(物情)은 일이 돌아가는 형편이나 상태를 말합니다.

감정(感情)은 마음의 작용이나 상태를 느끼는 것으로
마음과 사물이 서로 작용하여 나타납니다.

정은 쓰임새가 다양합니다.
집단을 하나로 묶어
씨족 모임이나 향토 모임을 만들기도 하며
이별과 죽음으로도 연결되어 정을 떼기도 합니다.

정은 상대와의 관계에서
얄궂은 생각은 버리고 취해야 합니다.

그대는 기쁨과 즐거움 좋아하는 정은 가지고
화내거나 슬픈 정, 부끄럽거나 싫거나 미워하는 정,
지나친 정은 멀리해야 합니다.

참고문헌: 『퇴계집』, 『율곡집』

« 4 »

사회나 조직에 잘 적응되지 않을 때

자리의 높고 낮음은
서로의 일에 대한 범위를 정한 것일 뿐
직업엔 귀하고 천함이 없습니다.

직업의 귀천:
직장에서의 내 모습이 초라할 때

직업에 귀하고 천함이 있나요?
말로는 없다 하지만
현실엔 스스로 귀천을 느끼고 삽니다.

직업엔 자리라는 높고 낮음이 있네요.
그런데 자리의 높고 낮음은
타인의 삶을 지배하는 권력이 아니랍니다.

자리의 높고 낮음은
분업(分業)하고 협력(協力)하는 것
자리의 높고 낮음은
효율(效率)적인 일을 하기 위함입니다.

자리의 높고 낮음은
서로의 일에 대한 범위를 정한 것일 뿐
직업엔 귀하고 천함이 없습니다.

수치심:
원하지 않는 일을 할 때

수치심은 떳떳하지 못함을 느끼는 상태입니다.
수치심은 꺼려하는 행동의 결과이며
살다 보면 죄(罪)와 함께
저지를 수 있는 것이 수치심이네요.

수치심은 누구나 겪을 수 있지만
스스로에게 너무 관대하지는 마십시오.

떳떳하지 못할 바에는 시작을 하지 말아야 하나
살다 보면 그러질 못하니

수치심은 삶에게 부끄러움과 아픔, 후회도 주지만
수치심은 삶을 돌아볼 성찰의 기회도 줍니다.

수치심은 우리에게 가까이 오지 말라 합니다.

중독

중독은 지나침과 연속성으로 환상 속에 머무는 것입니다.
중독은 삶의 평안을 깨뜨리는 것이며
중독은 생각과 사물에 집착하여
자유 의지를 상실케 합니다.

중독에는 오로지 육신의 반응만이 남을 뿐
변하고 소멸하는 육신과
환상인 자신의 생각을 믿지 마세요.

중독은 찰나의 쾌락을 주는 동시에 영원한 고통을 주므로
중독에서 벗어나기 위해서는
중독의 형성 과정을 알아야 합니다.

우리의 몸은
진통제의 역할을 하는 엔도르핀(단백질)과
쾌감을 주는 도파민(신경 호르몬)
행복감을 주는 세로토닌(신경전달 물질)을 자체 생산합니다.

우리의 몸은 외부에서 중독 물질이 들어오면
단백질과 신경호르몬 신경전달 물질의 자체 생산을 줄이고
외부 중독 물질에 의존합니다.

그러다 외부 중독 물질의 투입을 중단하면
엔도르핀과 도파민, 세로토닌의 자체 생산을
만족스럽지 못하게끔 유도하는
일시적으로 창발*된 물질들로 인해 금단 증상이 일어나고
또다시 중독 물질을 찾게 되는 악순환이 되풀이됩니다.

중독에서 벗어나기 위해서는
금단 증상과의 다툼이 필요합니다.

몸에서 자체 생산하는 엔도르핀, 도파민, 세로토닌이
몸이 편안하게끔 조절될 수 있는 양이라면
중독에서 벗어날 수 있습니다.

금단 증상은 쾌적한 환경과 자유 의지를 싫어합니다.
금단 증상은 일시적으로 존재하지만
생각만큼 질기지 않습니다.

그대는 끊고자 하는 의지를 가지고 몸을 부지런히 움직이며
생각을 몰입할 수 있는 일을 찾아야 합니다.

그 무엇이 그대를 중독되게 하나요?
그 무엇은 어디에도 없습니다.

* 창발(創發): 구성 요소에는 없는 특성이 전체 구조에서
돌연히 나타나는 현상을 말합니다.
(예) 물은 수소와 산소로 분리되어 있을 때는 표면장력이 없으나
결합하면 표면장력이 생겨나는 현상입니다.

선택과 집중

선택은 여럿 가운데서 골라 뽑는 것이네요.

고르는 동기(이유)에 따라 의지가 결정된다면
자유 의지는 이미 결정되어 수동적이랍니다.
스스로의 선택은 있을 수가 없네요.

의지가 동기(이유)를 선택할 수 있다면
선택은 자유로워집니다.
자유 의지가 살아 움직이네요.

집중은 한가지 일에 힘을 쏟아붓는 것입니다.

스스로의 의지로 선택하고 힘을 쏟아붓는
그대의 삶은 원하는 성공을 가져다줍니다.

선택과 집중은 우리를 기분 좋은 상태로 이끕니다.

권위

권위란 타인을 움직이고 이끄는 힘이랍니다.
권위란 가치와 우월성을 타인이 믿도록 하는 능력입니다.

권위가 있으려면 스스로 진실성이 있어야 하고
스스로 진실되지 못하면 권위는 사라지고 맙니다.

권위는 진실성이 있는 좋은 힘으로
우리를 움직이고 이끕니다.

우리는 살아가는 동안 조화롭지 못한 경우가 있어
권위를 찾고 권위는 존경과 전문성, 정당성으로
우리에게 정당한 차별과 보상을 준답니다.

그러나 권위는 변질되기 쉬우며
변질된 권위는 우리를 공격하고 지배하려 합니다.

진실한 그대는 권위가 변하지 않도록
언제까지나 보듬고 있네요.

사회적 약자에 대한 차별

사회적 약자는 조직화된 집단과 관계된
힘이 약한 사람입니다.

차별은 여럿 사이를 합리적이지 않은 이유로
순서를 두어 평가하고 구별하는 일입니다.

그대는 스스로 사회적 약자라고 생각하나요?

사회적 약자는 차별이 만들 수도 있습니다.
신분과 독점을 이용해 한쪽으로 기울어진
공평하지 못한 분배의 구조와
상대를 배려하지 않는 차별이
그대를 사회적 약자로 만듭니다.

사회적 약자는 어느 시대 어느 집단이든
항상 존재합니다.

차별은 고르게 대하지 않는 행위
사회적 약자에 대한 차별은 상대를
받아들이지 않는 욕심이랍니다.

우리 모두 사회적 약자일지 모르는 일

차별하는 의식을
더불어 살아가는 마음으로 바꿀 수 있다면,

제도라는 틀로 움직이는 세상은
우리 모두가 웃을 수 있는 바뀐 세상을 선물합니다.

금 수저와 흙 수저

금 수저는 경제적인 부자 부모를 만나
돈 걱정 안 하며 사는 사람들
흙 수저는 가난한 부모를 만나 돈 걱정으로
마음을 불편하게 만들며 사는 사람들

금 수저는 나라를 구한 사람인가요?
열등감과 부러움으로 세상이 불공평하다는
생각이 들 수도 있습니다.

금 수저의 본질은 부모의 경제적 능력을
자신의 능력으로 착각하며 사는 것입니다.

금 수저의 어원은
은수저를 물고 태어난다는 서양 속담이랍니다.

금 수저가 행복할 거라는 생각은
상대적인 생각이며
금 수저의 행복은 단지 돈과 열등감, 부러움의 생각이
어우러진 착각으로 알 수가 없습니다.

그대를 행복하게 하는 것이 돈인가요?
부모와 나는 금 수저보다도 더 가치 있는 사이이며
돈 걱정으로 마음이 불편한 흙 수저를
버릴 줄 아는 사이입니다.

타인의 평가에 민감할 때

평가는 사람이나 사물의 가치를
일정한 기준으로 따져 밝히는 것입니다.
평가는 항목으로 나누어져 판단으로 연결됩니다.

상대가 그대를 평가할 때는
상대만의 주관과 객관이 섞인
일정한 기준과 분별심이 작용하지만

그대는 민감할 필요가 없습니다.
삶은 누구에 의해 지배되는 것이 아니니까요.
삶은 상대가 누구이든 간에
상대를 인정하고 배려하는 평가를 좋아합니다.

지나치지 않은 상대의 개성을 인정하고
지나치지 않은 상대의 태도를 배려할 줄 아는 그대는
타인의 평가에 신경 쓰지 않는 멋진 사람입니다.

타인의 평가는 잠시 머물렀다 사라지는 신기루

타인을 인정하고 배려하는 그대는

타인의 평가가 좋을 수밖에 없습니다.

처세술

처세술은 스스로를 보호하고 싶은 마음에서 시작된
사람을 사귀고 어울리는 방법입니다.

처세술은 스스로의 내면에 지식과 지혜가 가득 차면
저절로 사람들을 모이게 합니다.
무엇이든 넘치지 않는 그대는
사람을 쫓기보다 사람을 모으고 있습니다.

처세술은 말을 하기보다
말을 들어 줄 줄 아는 그대를 좋아합니다.

처세술은 돋보이고 싶어 하는 상대의 말에
과하지 않은 칭찬의 말을 할 줄 아는 그대,
뒷담화를 싫어하며 중립의 자세를 유지하는
그대를 좋아합니다.

처세술은 인사성 밝은 그대를
업무에 대한 보고를 먼저 하는 그대를
SNS에서 직장에 대한 언급을 자제하는 그대를
상대가 기분 나빠하지 않을 수준의 거절을 하는
그대를 좋아합니다.

처세술은 반복적인 것보다는
새로움을 좋아하는 사람의 본성에 따라 움직입니다.
그대, 새로움을 추구하세요.

최고의 관계 유지는
성적이나 정서적인 만족에 대한
새로운 주제로 관계를 유지하는 것입니다.

« 5 »

미래에 대한 희망을 가지고 싶을 때

삶은 우리에게 절망보다는 희망을 요구합니다.
살아야 할 이유가 무수히 많은 우리는
미래에 다가올 새로운 경험에 흥분합니다.

지혜

강 건너에 지혜가 산다.
지혜가 손짓한다.
어서 오라고…….

지식(知識)은 나를
강 건너에 데려다주려고 한다.

지식이 손짓한다.
어서 강을 건너자고…….

지식은 무지(無知)의 강을 건너기 위해
스스로 뗏목이 되려 한다.

지식이 나에게 말한다.
무지의 강을 건너고 나면
자기를 버려 달라고…….

강을 건너고 나니 지혜가 말한다.

내가 누군지 아느냐고…….

지식: 일과 사물에 대한 사실과 경험을 알아채는 것입니다.

지혜: 일과 사물에 대한 상황을 직시하고 해결하는 힘입니다.

꿈과 성공

꿈은 실현시키고 싶은 가장 편안한 상태이며
성공은 이루는 것입니다.

그대가 이루고 싶은 가장 편안한 상태는 어떤 것인가요?
하고 싶은 일과 즐기고 싶은 일을 하세요.

삶은 타인과의 비교를 가장 경멸합니다.
삶은 익숙해지고 길들여지는 것을 싫어합니다.

현재의 어려움은 잠시 내리는 지나가는 소나기
꿈을 이루려는 그대는 깨어 있는 사람입니다.

존중

존중은 나와 상대 그리고 모든 우주의 사물을
높이고 중(重)하게 여기는 것입니다.

존중은 마음이 끌리는 생각과 관심에서 시작됩니다.
관심에서 시작된 행동은 스스로에 대한
자아 존중(自我尊重)이 바탕이 되며
스스로를 존중하지 않으면
그대는 삶에게 모욕감을 주게 됩니다.

자아존중으로 시작된 타인 존중(他人尊重)은
상대를 가치 있는 존재로 만들기도 하지만
그대를 가치 있는 사람으로 만들기도 합니다.

우주의 사물을 존중하는 마음은
그대를 자연스럽게 살도록 하며
우주의 사물들은 그대가 하는 모든 행동을
높이 우러러 봅니다.

그대는 존중받기를 원하나요?

그렇다면 그대는
상대에 대한 예의를 갖추고
상대에게 귀를 기울여야 하며
상대를 인정하는 마음을 가져야 하며
상대를 이해하는 마음이 있어야
그대도 존중받는답니다.

존중은 윤리를 지탱하는 밑바탕이며
존중 없이는 윤리도 없답니다.

존중은 최고의 처세술
그대의 삶에 존중이 스며든다면
그대는 모든 사람으로부터 존중받는 이랍니다.

배려

배려는 여러모로 마음을 내어 보살피고 도와주는
사소한 것으로부터 시작하는 행위입니다.

배려는 생각만 해서는 의미가 없습니다.

그대는 배려받는 것을 당연시하며
지나친 배려로 상대에게 부담을 주거나
배려하지 않는 사람인가요?
그렇다면 그대는 상대의 마음을 헤아릴 줄 모릅니다.

과도하지 않고 먼저 시작하는 배려는
상대가 나에게 고마움을 느끼며
나로부터 시작된 배려는
나를 떠나 돌다가 다시 나에게 돌아오는 것입니다.

배려는 그대의 삶을 풍요롭게 합니다.

삶

삶은 살아가는 것입니다.
모든 사람의 삶은 제각각 다르답니다.

삶이 우리에게 묻습니다.
삶의 의미를 묻기 전에
살아야 할 이유가 무엇인지…….

살아야 할 이유와 의미가 없는 이나
삶에 더 이상의 바람이 없는 이는
삶으로부터 버림을 당합니다.

삶은 구체적이고 현실적인
지극히 개인적인 내용으로 채워지므로
삶은 살아가는 것
그 이상도 그 이하도 아닙니다.

삶은 타인과 비교할 수 없습니다.
똑같은 인생은 없으니까요.
삶의 의미는 세상의 일에 있답니다.

삶은 우리에게 절망보다는 희망을 요구합니다.
살아야 할 이유가 무수히 많은 우리는
미래에 다가올 새로운 경험에 흥분합니다.

삶은 생각에서 출발하여 올곧고 굳센
마음과 행동을 보여 주는 그대를 좋아합니다.

삶은 살면서 의미와 가치를 느끼는 그대를 좋아합니다.

자신감

자신감은 일을 잘할 수 있는
스스로의 능력을 믿는 강한 느낌입니다.
그대는 자신감이 있나요?

오로지 자신감만 있다면
타인과 비교하여 우월성만 과시하나
자신감이 겸손과 만나면
타인과 비교하지 않아 잘된 일만이 남네요.

지나친 자신감과 모자란 자신감은
일을 시작해도 결과가 다르거나
끝내지 못할 수도 있답니다.

오로지 자신감만 있는 그대는
오기와 경쟁하는 마음을 좋아합니다.

그대가 오기를 추진력으로 경쟁심을 성취하려는 마음으로
바꿀 수 있다면 자신감은 긍정적으로 변합니다.

그대는 자신감을 갖되 부정적인 오기와 경쟁심을 버리고
겸손과 친해야 합니다.

그대는 추진력 있는 겸손한 마음의
자신감이 넘치는 사람입니다.

기도

기도는 전지전능한 절대자에게 바라는 바를
간절히 청하는 생각과 행위입니다.

기도에는 바라는 바와 절대자에 대한
헌신과 복종 그리고 존경이 어우러져 있답니다.

기도는 바라는 마음에서 시작됩니다.
그래서 기도는 현실 도피의 환상이 아니라
스스로 역경을 헤쳐 나가기 위한 긍정적인 생각과 행위입니다.

그대의 생각은 물질에 영향을 준답니다.

기도는 꼬여 버린 상황에 대한 스트레스를 풀어 주므로
기도는 반복적으로 솔직함과 정직으로 해야 합니다.

비록 현실이 고통스러워도
기도하는 마음은 모두에게 평안을 주며
기도하는 시간은 고통을 줄여 주는 깨달음을 얻는 시간입니다.

필요와 욕구

필요는 삶에 있어서
반드시 충족되어야 하는 것입니다.
필요는 충족되면 더 높은 단계의
필요를 원하며 욕구를 만듭니다.

욕구는 무엇을 얻거나 하고자
바라고 원하는 상태랍니다.

필요와 욕구는 떼어 놓을 수가 없습니다.
필요와 욕구는 몰입과 함께
세상을 분야별로 발전시켜 나갑니다.

그대의 삶에 필요한 것은 무엇인가요?

평안한 삶, 질풍노도*의 삶
모두가 그대의 몫입니다.

필요의 크기는 그대가 결정할 일
넘치는 필요는 그대를 힘들게 할 뿐입니다.

* 질풍노도: 빠르게 부는 바람과 무섭게 큰(성난) 물결

도전

도전은 맞서서 참고 견디어
극복하기 위해 다투는 것입니다.
도전은 성공을 위해 필요합니다.

지금 힘들다고 포기하거나 시도하지 않거나
극복할 수 있는 위험을 피하는 것은
그대의 삶을 찌그러뜨립니다.

도전은 스스로 무엇을 하고 있는지
알고 해야 합니다.

도전의 과정에서 겪는 두려움, 굴욕감, 상처는
그대의 삶을 깊이 있게 만듭니다.

도전이 그대의 삶에 의미를 부여함에도 불구하고
아무것도 하지 않는 삶은 위험이 없는 삶이나
그대에게 꿈과 성공을 가져다주지는 않습니다.

도전하는 삶은 그대에게
이루고자 하는 꿈과 성공을 가져다줍니다.

미래가 궁금할 때

미래는 각자에게 다가올 시간이나 상태입니다.
미래는 다음 세상입니다.

미래가 결정되어 있다면
그대가 아무리 발버둥 쳐 봐도
결정된 대로 미래는 다가옵니다.

그대의 자유 의지마저도
이미 결정되어 쓸 데가 없습니다.
삶이 이미 결정되어 있다면 슬픈 일입니다.

미래가 결정되어 있지 않다면
그대의 미래는 자유 의지에 따른
선택으로 달라질 수 있습니다.

삶은 선택한 후엔 바꿀 수 없는 결정된 것이지만
선택의 전 단계는 아무것도
결정되어 있지 않습니다.

그대의 자유 의지가 삶을 결정한다면
그대의 미래는 다양한 모습으로 다가오며

삶이 이미 결정되었다는 수동적인 생각의
선택으로 미래를 선택한다면
그대의 미래는 그대의 것이 아닙니다.

미래는 궁금해할 필요가 없습니다.
미래는 어차피 올 것이니까요.
매 순간마다 그대가 만들어 가는 미래는
새롭게 다가옵니다.

그대는 미리 알 수 없는 새로움을 추구하는
사람의 본성을 꿰뚫어 보는 이입니다.

시간

시간은 과거와 현재, 미래로 이어지는
머무름이 없이 무한히 연속되는 흐름입니다.
시간은 사건의 변화를 측정하는 단위입니다.

시간은 어떻게 관리하느냐에 따라 돈이며 경쟁력입니다.
해가 뜨면 달이 지는 대략적인 시간의 관리보다
정확한 시간의 관리가 돈과 경쟁력을 주기 때문입니다.

시간은 함부로 허비할 수가 없습니다.
모두에게 주어지는 수명이 똑같지 않기 때문입니다.

시간은 움직이는 상태와 위치에 따라 다르게 움직이며
실체가 없는 변화하는 상태입니다.

시간은 느리거나 빠르게 흐를 수 있지만
되돌아갈 수는 없습니다.

시간은 사건과 관계없이 별도로 흐르지만
우리는 시간을 사건과 연관시켜 바라봅니다.

시간이 우리에게 주는 교훈은
지나간 일에 대한 후회보다는
현재의 일에 집중하라는 것입니다.

이터븀 원자 광격자시계: 이터븀 원자의 고유 진동수는 518조 헤르츠로 시간의 기본 단위인 1초로 정의하며, 1억 년에 1초의 오차가 발생하는 수준으로 현존하는 최고의 정밀시계입니다.

« 6 »

기타

점은

힘들고 답답한

현실에 대한 심리상담입니다.

점

점(占)은 예측하기 힘든 미래를 보려 합니다.

점은 방법을 달리하며 시대에 따라 조금씩 변화해 왔지만
결국 6,000년 긴 시간 동안 틀에 갇혀 버렸습니다.

점이란 원인을 기초로 한 결과의 추측입니다.
점은 시대의 상황에 맞게 연구되지 않아
오류가 많은 통계적 확률입니다.

점 치는 사람도 본인의 미래를 모르는데
남의 미래를 어찌 알 수 있나요?
격국(格局)과 용신(用神)의 대가는 어디에 있나요?

현재의 점은
힘들고 답답한 사람들의 전유물이며 심리 상담입니다.
점은 심리상담 이상을 바라는 우리를 향해 꾸짖고 당부합니다.
정신 차리라고…….

격국(格局)과 용신(用神)
대상자에게 해당되는 길흉화복의 여러 문구들 중에서
알맞은 문구를 골라 쓰는 행위입니다.

제사

제(祭)란 자연재해, 질병, 맹수로부터
무사하기를 바라는 방법과 행위

제(祭)란 살아 계실 때의 조상의 모습과 행위를
추모하는 표현입니다.

망자의 육신이 어디 있어
제사상을 받을 수 있겠습니까?

망자의 육신에 있던
변하지 않는 형상(영혼)*으로 남아

저 우주의 어느 곳인 플라톤의 이데아에
영혼으로 있다가 그 영혼이 제사상을 받는다는 생각은
어리석은 관념일 뿐

제(祭)란 상차림의 형식에 치우치지 않는
존경과 애모의 표현이랍니다.

* 영혼: 육신이 소멸한 후 변하지 않는 형상의 다른 말입니다.

2부_
밝게 배우기 편

« 1 »

삶의 바탕이 궁금할 때

삶은 존중을 바탕으로
상대를 인정하는 마음을 가짐으로써
비로소 배려하는 마음으로 사는 것입니다.

윤리

윤리는 살면서 마땅히 지켜야 하는 것입니다.
그러나 지키기가 무척 힘드네요.

윤리는 서로에게 편안함을 줍니다.
윤리의 바탕은 존중(尊重)이네요.

상대를 중요하게 여기는 마음인 존중의 바탕 위에
상대를 인정하는 마음을 가짐으로써
비로소 배려하는 마음이 싹틉니다.

배려(配慮)하는 마음이 많아지면
행동이 빛을 발하고
삶의 아픔과 고통을 줄여 주는
깨달음을 만나네요.

윤리의 바탕은 존중입니다.

윤리는 우리의 마음을 평화롭게 합니다.

가치

가치란 값어치
세상에는 물건의 값으로 쓸모가 있네 없네 합니다.

가치란 사람과의 관계에서 만들어지는 중요한 것이나
세상은 돈으로 상대의 중요성을 저울질하네요.

살면서 가치를 얻기 위해 그대가 해야 할 일은
살아가면서 부딪히는 한계를 극복하는 노력입니다.

가치란 삶의 한계를 극복하는 노력의 결과물입니다.
가치는 노력의 대가로 인내(노력)는 쓰고
열매(가치)는 달콤합니다.

그대가 정성을 다하고 노력한다면
그대는 가치 있는 사람입니다.

우주와 변화

태양이 사라진 밤하늘의 별을 보며
수많은 성인(聖人)들은 생각합니다.

저 우주에는 무엇이 있을까?
우주의 기원은, 생명의 기원은…….

우주의 나이는 138억 년
너무나도 작은 입자가 상상할 수 없는
온도와 밀도를 가진 채 폭발하였고
알 수 없는 찰나의 시간이 흘러
빛도 지나갈 수 없는 상태가 되어
점점 식어 별이 되었습니다.

가장 오래된 별의 나이는 135억 년
광활한 우주, 천억 개의 성단(星團)과
한 성단에 천억 개의 별이 들어 있습니다.

우주는 팽창합니다.
우주의 팽창 속도는 시간과 함께 더욱 커지고
오늘도 초당 칠십일 킬로미터의 속도로
커져 갑니다.

우주는 소멸합니다.
계산할 수 없는 시간이 흐른 후
우주의 팽창이 멈추면
우주는 현재로서는 계산할 수 없는 속도로
작아져 갑니다.

우주는 변화합니다.
우리도 변화합니다.

깨달음

살아가는 동안 기쁨도 즐거움도 잠시 동안이었습니다.
살아가는 동안 아픔과 고통은 왜 그리도 자주 오는지

성인(聖人)은 말합니다.
인생은 고해(苦海)라고…….

그런데 우리네는 힘든 건 알지만
아픔과 고통을 줄이는 법은 알지 못합니다.

성인(聖人)은 다시 말합니다.
방법을 알고 싶기나 하냐며 우리를 꾸짖습니다.
말로만 알고 싶어 하지,
진정성 있게 알고 싶어 하냐며 우리에게 묻습니다.

성인(聖人)은 말합니다.
깨달음은 인생을 살아가는 방법이지 목표가 아니라고…….

깨달음은 삶의 아픔과 고통을 줄여 줍니다.

깨달음은 우리가 살면서 경험한 증거이니

우리에게 깨달음으로 오늘을 살라 합니다.

« 2 »

마음의 본질을 알고 싶을 때

마음을 구성하는 요소와 형성과정을 알게 되면
달을 가리키는 손을 따라
달을 보는 지혜가 생깁니다.

존재

존재는 살아 움직이는 것이나, 생명이 없는 것이나
모두 있다는 것입니다.

살아 있는 많은 종류 중에서
사람은 시간의 흐름 속에
몸과 통일된 느낌인 마음이 서로 작용합니다.

사람이란 존재는 흘러가는 시간 속에
마음이 만드는 생각(관념)과 물체(몸)가 서로 작용합니다.

생각은 희로애락 등으로 표현되고
물체는 물질과 에너지, 시간과 공간으로 이루어집니다.

생각과 물체는 존재를 구성하는 요소로서 상호 작용하므로,

존재란 구성요소인 생각(관념)과 실재(물체)*가
끊임없이 서로 작용하고 변화하는 것입니다.

변하지 않는 불멸의 존재란 있을 수 없습니다.

존재는 변화하므로 변하는 것은 소멸하는 것입니다.

존재도 변화하고 소멸하네요.
존재가 변화하고 소멸하는 그대에게 잘 살라 합니다.

그대가 존재의 본질을 아는 순간
말로는 표현되지 않는 헝클어진 마음을 다스릴 수 있습니다.

* 실재: 물질, 에너지, 시공간이 상호 작용하여 만들어지는 것,
일반적으로 '물체'를 말합니다.

관념

관념이란 일이나 사물에 대한 생각입니다.
장자(莊子)는 말합니다.
관념이 생겨나는 이유를 알 수 없다고…….

관념의 형성 과정을 알지 못하면 그럴 수밖에 없습니다.
이천오백 년 전의 학문으로는 이유를 알기가 어려웠을 겁니다.

통일된 느낌을 주는 의식의 일부인 관념(생각)은
몸이 외부로부터 받아들인 정보를 경험이라는 이름으로
신경세포에 축적되는 과정을 거쳐
그 경험을 축적한 신경세포들이 상호 작용한 결과입니다.

관념은 기억이라는 이름으로 저장된 경험과
새롭게 받아들인 정보가 상호 작용하여 생기나
간섭이 일어나면 관념은 망각이 됩니다.

관념은 고정되지 않아 변하는 것이 자연스러우나
가끔은 고정된 관념이 우리의 마음을 힘들게 합니다.

그대가 무엇을 하고자 한다면
관념(생각)이 의지를 만들므로 생각을 하여
의지를 불태워야 합니다.

실재

실재란 사물을 구성하는 근본으로서 물질 세계입니다.

실재는 물질 에너지 시간과 공간이 어우러진 것입니다.
실재는 생성과 소멸을 반복하며 변화합니다.

생명력이 있거나 생명력이 없거나
실재는 관념과 상호 작용하여야
생명력이 있는 존재로 불리게 됩니다.

실재도 시간의 흐름 속에 변화하는데
하물며 존재인 만물은 변할 수밖에 없습니다.

의식

지난 삼천 년간
수없이 많은 철학자들이 말합니다.

의식은 독립된 존재라 물질이 아니라 하네요.
의식은 물질을 낳는 보다 더 근원적인 것이라 합니다.
의식은 느끼거나 알아차리는 정신 작용이라 하네요.
의식은 만물을 분별하고 생각하는 것이라 합니다.

겉만 빙빙 도는 이 느낌 알 수가 없습니다.
의식의 형성 과정을 안다면 좋겠습니다.

의식은 내가 살아 있는 한 느낄 수가 있습니다.
통일된 느낌인 의식의 형성 과정은
몸의 각 기관으로부터 시작됩니다.

오감(五感)(눈, 귀, 코, 혀, 촉감)으로 받아들인
외부 정보는 좌뇌와 우뇌로 흘러 들어가며

뇌의 신경세포는 정보를 전기신호로
분리, 조합, 축적하여 반복적으로 이동합니다.

받아들인 정보는 경험이 되고
경험은 기억이라는 이름으로
좌뇌와 우뇌에 축적됩니다.

축적된 경험을 간직한 좌뇌와 우뇌의 신경세포는
새로운 정보와 상호작용하여 관념(생각)을 만들며
또다시 축적된 경험 또 다른 정보로
만들어진 관념은 서로 상호 작용합니다.

좌뇌와 우뇌에 형성된 두 개의 의식은
합리적이지 않아 논리가 맞지 않는 경우에도
긍정적으로 작용하여 통일된 느낌을 갖게 합니다.

의식들은 기억이라는 이름으로 저장된
경험과 새로운 정보가 상호 작용하여 만들어진 관념들이
또다시 서로 반복적으로 축적되고
조합되어 생겨난 통일된 느낌입니다.

마음

마음은 조각으로 나뉘어져 있는
정보와 경험, 관념(생각)의 작용으로
생겨난 의식들의 상호 작용입니다.

마음은 흩어져 기억되고 있는
여러 경험과 관념들이
창발되어 나타나는 통일된 느낌입니다.

통일된 느낌인 마음은 물질이 아닙니다.
마음은 안에도 바깥에도 어디에도 없습니다.

마음은 의식들의 상호 작용입니다.
작용만이 통일된 느낌인 마음을
생기게도 하고 없게도 합니다.

마음은 실체가 없습니다.
실체가 없는 마음에 참마음, 거짓 마음을
나누는 것은 있을 수 없습니다.

마음은 나타내고자 하면 나타나고
원하지 않으면 사라집니다.

마음은 한순간도 머무르지 않으니
무심(無心)은 그대를 평화롭게 합니다.

« 3 »

마음을 다스리고 싶을 때

마음은 안에도 바깥에도
어디에도 없으며
한순간도 머무르지 않습니다.

주관과 객관

주관은 스스로만 생각합니다
객관은 주관을 보지 않고
객관 스스로만 생각합니다.

객관에게 물었습니다.
넌 누구냐고…….
그러자 객관이 답합니다.
나는 많은 사람들이 인정하고 공감하는 것이라고…….

주관과 객관은 말합니다.
가끔은 상대의 입장에서 생각할 때도 있다고
주관과 객관은 상대적인 것
시간의 흐름 속에서 변해 갑니다.

주관을 내려놓으면 객관은 사라지고 없습니다.

주관과 객관은 단지 분별하기 위한 것일 뿐
삶에는 모두를 고르게 대하는 마음만이 남습니다.

주관: 나만의 생각과 관점.

객관: 나만의 관점에서 벗어나 제3자의 입장에서 보거나 생각함.

비교하고 분별하는 마음

비교는 둘 이상을 견주어
공통점과 차이점을 살피는 생각입니다.
분별은 서로 다른 사물을
종류에 따라 나누고 가르는 생각입니다.

비교와 분별은 삶에서 무수히 일어나며
삶이 끝날 때까지 함께 흐릅니다.
비교와 분별은 과거의 경험과 새로운 생각이
상호 작용하여 일어납니다.

비교와 분별은 단지 작용만이 있을 뿐 실체가 없으므로
상대의 다양성을 인정하고 함께할 수 있다면
우리의 삶은 더 가지기 위한 욕심,
상대를 시기하는 마음,
비교와 분별로 인한 어리석은 행동으로부터 자유롭습니다.

그대가 실체 없는 비교와 분별로 상대를 평가하지 않는다면 삶은 불편하지 않습니다.

자유 의지

자유 의지는 행동과 결정을
스스로 할 수 있도록 도와주는 능력입니다.
자유 의지는 자연스러움과 함께 어울립니다.

삶에는 기쁨과 즐거움
아픔과 고통이 어우러져 있네요.

살면서 자유 의지가 이미 결정되어 있다면
나의 의지로 결정할 수 없다면
수동적인 삶을 살 수밖에 없습니다.

의지는 삶 속에서 행동을 만듭니다.
살아가면서 어떤 선택을 하든
자유 의지는 우리를 도와줍니다.

자유 의지는 우리에게

힘과 용기를 줍니다.

나비가 된 장자

장자는 꿈을 꾸었습니다.
꿈속에서 장자는 나비가 되었네요.
나비는 훨훨 날아다녔습니다.

꿈을 깨어 보니 나비는 없어지고
장자만 남았네요.
나비가 장자인가, 장자가 나비인가요?

꿈은 현실의 바람이 반영된 환상입니다.
꿈은 뇌의 작용입니다.
꿈속에서의 나비는 실재하지 않습니다.
현실엔 장자가 존재할 뿐입니다.

꿈과 현실은 같을 수가 없습니다.

꿈은 환상입니다.

환상은 꿈을 꾸는 주체를 중심으로 한

허구의 이야기입니다.

꿈은 몸뚱이가 있지를 않기에

현실 속의 장자는 나비에게 얽매이지를 않습니다.

무위자연

위(爲)는 적당하지 않은 지나침이랍니다.
무(無)는 없는 것이 아니라
지나침을 다독거려 준답니다.

무위(無爲)란 지나치지 않은 적당함입니다.

무위(無爲)는 세상만사의 정도가
지나친 쪽을 꾸짖는답니다.

자연(自然)은 우주의 사물이
개입을 하든 하지 않든
시간과 함께 흘러가는 원인과 결과랍니다.

무위자연(無爲自然)이 우리에게 당부합니다.
지나치지 않은 적당함으로
살아 있는 동안 웰빙(well–being)하라 하네요.

운명

운명은 미래를 결정하는 힘이며
존속과 멸망, 생사를 결정하기도 합니다.

운명은 미래의 상태입니다.
미혹한 사람들은 말합니다.
운명은 결정되어 있다고…….
그러나 우리의 삶이 틀에 갇힌 운명이라면
삶은 틀에 갇혀 버립니다.

우리의 삶이 틀에 갇히지 않는다면
미래의 상태를 결정하는 힘은
우리 자신에게서 나옵니다.

미래를 만들어 가는 주체는 바로 자신입니다.

스스로의 결정은 새로운 결과를 만들어 내며
삶은 그렇게 흘러갑니다.
운명은 우리 모두가 스스로 선택한 결정으로 이루어질 뿐
선택되는 것은 아닙니다.

죽음

죽음은 살아 있음이 끝나는 것
알지 못하면 죽음이 두렵답니다.

살아 있는 동안
아픔과 고통을 느끼든 못 느끼든
죽음은 찾아옵니다.

죽음이 두려운 이유는
죽음이라는 사실과 죽음과 마주하기 전의 육체적 고통,
죽음 너머의 알지 못함에 대한 공포 때문입니다.

죽음 너머에는 뭔가가 있을까?
공포는 의식들이 결합한 스스로의 환상입니다.
우리가 꿈꾸는 허구의 이야기 속으로 빠질 필요는 없습니다.
깨달은 이는 환상에 얽매이지 않습니다.

죽음은 삶과의 경계선 그 이상도 그 이하도 아니랍니다.

공포

공포는 위험을 느끼는 상태, 마음이 불안한 상태,
무서운 상태입니다.

공포는 어디서 오나요?
공포의 근원은 죽음이며
죽음 너머의 알지 못함입니다.

공포는 스스로 만들어 낸 환상입니다.
공포는 죽음에서 벗어나려는 의식(들)의 몸부림입니다.

불합리한 의식(들)이 만들어 내는
환상에 끌려다닐 수는 없습니다.

공포는 극복하려는 의지를 제일 싫어합니다.
공포는 허구를 만들어 낸 불합리한 의식(들)과의
싸움을 벌이는 그대를 싫어합니다.

공포는 허상을 허상으로 대하고
공포를 주는 물체와 현상을 마주하고
놀라지 않는 생각을 반복적으로
의식(들)에게 보내는 그대를 싫어합니다.

그대는 실체가 없는 공포 속에 빠질 필요는 없으나
재미로 느끼는 공포를 즐기는 것은 그대의 몫입니다.

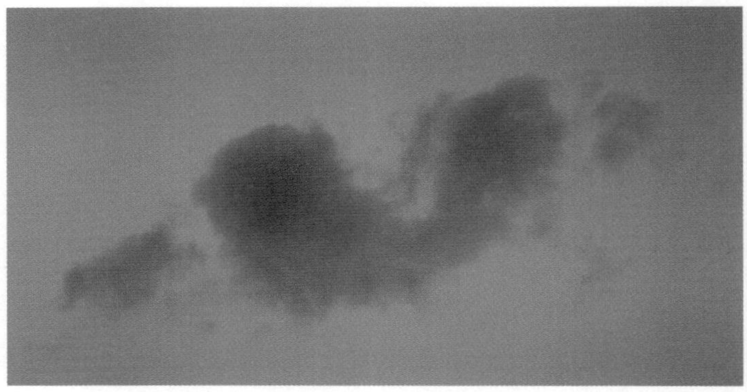

근사 체험

사고(事故) 시 죽음에 이르는 체험은 신의 비밀인가요?

나라는 느낌이 내 몸을 보며
좁고 긴 밝은 터널을 지나
누군가 안내자를 만나는 것인가요?

알 수가 없습니다.
환상인지 또 다른 세계인지

뇌에는 천억 개의 신경세포가 활동합니다.
현상을 바라보는 눈에 혈액 공급이 원활하지 않으면
좁고 긴 밝은 터널을 봅니다.

변하지 않는 또 다른 세계가 존재한다면
터널은 무엇으로 이루어지나요?
물질과 에너지 시공간으로 구성되어야 합니다.
중력의 작용을 받는가 진공의 상태인가
설명할 방법이 없습니다.

뭉쳐진 통일된 느낌인 의식들은
삶의 경계인 죽음을 맞이하면
일정한 시간이 지나야 흩어지므로

육체적 사망 상태에서
주위에서 일어나는 일들을 안다고 하여
신비하게 여길 필요는 없습니다.

근사 체험은 의식들과 신경세포의
반복적인 상호 작용으로
생성과 소멸, 분리와 조합을 반복하는
일시적인 현상과 환상의 뒤섞임일 뿐입니다.

존엄사: 마지막 마무리

존엄은 비교할 수 없는 의젓한 태도와
힘있고 기운찬 성품입니다.

삶은 우리에게 노환이라는 자연스러운 질병을 주네요.
노환은 성인군자도 어느 누구도 피할 수 없습니다.

사람에게는 독립적인 삶을 살 수 없는 시기가 오거나
마음의 무너짐이 오면
몸은 병에 시달리고 행동은 느려집니다.

그리고는 몸의 치료와 마음의 안정을 위해
주변의 도움을 받으며 지내다 회복될 수 없는 순간이 옵니다.

이제 우리 모두는 모든 것을 내려놓는
용기를 내어 어려운 대화를 해야 합니다.

병원이 아닌 일상과 다름 없는 자연스러움으로
삶을 마감하고 싶다고…….

궁극의 가르침: 어떻게 살 것인가 (1)

궁극은 과정의 마지막
모든 종교와 학문들은 각자의 표현으로 가르칩니다.

신(神)을 모시는 종교에서는
신의 울타리 안에서 소명을 이루는 것이라 하며

신을 모시지 않는 종교와 모든 학문에서는
각자의 주장과 논리적 실험과
증거를 제시하려는 노력을 함께하네요.

수많은 내용들은 모두가 진리에 가기 위한 길일 뿐
진리는 우리 스스로가 보아야 합니다.

드넓은 우주에서 인류라는 종(種)으로 살아가는
우리는 살아 있는 동안 상대를 존중하고 배려하며
하고 싶은 일을 하며 삶을 즐기고 마음의 평안을 얻어
어느 쪽에도 기울어지지 않는
삶의 끝을 아는 이가 되어야 합니다.

우리의 삶은 인생에서 단 한 번 두 번은 없습니다.

궁극의 가르침: 어떻게 살 것인가 (2)

그대는 무아(無我)와 중도(中途)를 아나요?
그대는 좌망(坐忘)과 심제(心濟)를 아나요?

앉아서 배꼽 아래 단전의 호흡만 느낄 뿐
호흡조차도 통제하지 못하는
통일된 느낌인 나(我)를 아나요?

분별과 집착이라는 관념조차도 존재하지 않는
오직 생사만 남을 뿐

무릇 깨달음을 얻은 이는
틀에 얽매이지를 않습니다.

오늘도 균형 속에서 여유롭게 머무는
그대는 깨달음을 얻은 이요
성인 군자입니다.

3부_

종교 편

플라톤의 이데아

플라톤은 위대한 철학자
소크라테스의 제자이자
아리스토텔레스의 스승

플라톤은 저 머나먼 우주에 영혼이
머물 수 있는 공간은 있을 거라고 생각합니다.

플라톤은 생명 있는 것, 생명 없는 것
모든 것이 소멸하면 물체의 형상은 남아서
영혼으로 이데아(idea)에 존재할 것이라 생각합니다.

그래야만 신(神)이 주재하는 세상과
하늘나라가 있어야
사람은 절대자의 권능 아래 영원히 존재하리라 믿었습니다.

그러나 존재하는 것은 변하고
변하는 것은 소멸합니다.

이 우주에 변하지 않는 것은 없습니다.
영원히 존재한다는 이데아가 머무를 곳이
우주에는 없네요.

밤하늘의 별을 보며 이데아를 생각합니다.

종교

종교란 으뜸으로 가르치며 마음의 위안을 주는 것입니다.

종교는 인류란 집단의 사회적 질서를 유지하며
미래에 대한 막연한 공포를 잠재웁니다.

그러나 경계해야 할 것이 있습니다.
공포를 이용하거나 성인의 가르침을 벗어난
과도한 것들은 버려야 합니다.
성인의 가르침을 악용하여 재물을 요구하거나
성적인 관계를 요구하는 종교는 종교가 아닙니다.

종교는 깨달음이어야 합니다.
종교는 재물에 관심이 없어야 합니다.
종교는 윤리를 저버리는
자연스럽지 않은 성적인 관계에 관심이 없어야 합니다.

그대가 종교를 받아들이고 싶다면
스스로 올곧고 굳세어야 맑고 깨끗해져
종교가 원하는 소임을 다할 수 있습니다.

그대가 종교를 받아들이고 싶다면
과도한 재물이 아닌 공동체 유지를 위한
최소한의 비용을 부담할 각오를 하고

자연스럽지 않게 서로를 탐하는
이성(異性: 남녀)을 경계할 마음을 가져야 합니다.

신

죽음은 모든 생명이 거쳐 가는 단계입니다.

죽음이 우리에게 원하는 것은 무엇인가요?
막연한 두려움과 공포인가요?
극복할 무엇이 있으면 좋겠습니다.

신은 전지전능(全知全能)해야 합니다.
신은 우주에서 가장 뛰어나고
초월적이어야 합니다.
신은 영원히 존재해야 합니다.

신은 형체와 색깔 음성이
있다고도 없다고도 합니다.

신은 우주를 지배하는 소멸하는 존재가
아니면 좋겠습니다.
신은 언제나 우리와 함께하면 좋겠습니다.

신은 살아 있는 우리를 위한 위안입니다.
우리 모두가 없다면 신도 없습니다.
신은 우리의 입장에서 바라보는 느낌입니다.

신이 존재한다 존재하지 않는다는 것은
따져 밝힐 필요가 없습니다.

신은 우리의 삶이 평안하기를 바라는
자연스럽게 흐르는 마음의 평화입니다.

천국

천국은 저 광활한 우주 어디엔가 존재하나요?

우리 모두 죽으면 육신은 소멸하지만
형상은 남아 영혼이라는 이름으로
통일된 느낌인 내가 천국에서 존재하나요?

천국이 존재하려면
변하지 않는 나라는 영혼과
변하지 않는 물질과 에너지 시공간이
있어야 하네요.

영혼은 뭉쳐지고 통일된 느낌인 의식들의 작용이므로
의식이 변하면 영혼도 변합니다.

변하지 않는 물질과 에너지 시공간은 없습니다.
그러므로 천국은 우리의 마음먹기에 따라
있기도 하고 없기도 합니다.
천국을 표현하는 수많은 사람들
모두가 그리는 천국의 모습은 제각각입니다.

우리의 인생은 단 한 번입니다.
살아 있는 동안 평화롭게 사는 곳
이곳이 바로 천국입니다.

지옥

138억 년 전 우주가 생긴 이래
수많은 시간이 흘러
20만 년 전 인류가 출현합니다.

나약한 존재인 두려움과 공포를 가진 인간에게
수많은 종교의 신들은 나름의 기준을 따르라 합니다.

죄를 지으면 죽음 이후
고통의 지옥에서 벌을 받는다고 합니다.
지옥에는 고통을 받는 형상을 가진
수많은 인간들의 일그러진 모습이 모여 있습니다.

지옥 세상을 표현하는 수많은 사람들
모두가 그리는 지옥의 모습은 제각각입니다.

지옥이 존재하려면
변하지 않는 나라는 영혼과
변하지 않는 물질과 에너지 시공간이 있어야 하나
변하지 않는 우주는 없습니다.

피가 튀고 살이 찢어지는
고통을 느끼는 물질이 존재하는 지옥이
우주 너머에 존재할 수 없습니다.

지옥은 내 마음속에서 생성과 소멸을 반복합니다.

선(禪)

살면서 몸은 병들어 가고
마음은 미혹(迷惑)*한 길로만 갑니다.

사는 나날이 기쁨과 즐거움으로 가득하면 좋으련만…….
아픔과 고통이 찾아오네요.

선사(禪師)는 말합니다.
아픔과 고통을 줄이는 깨달음을 통하여
우주의 사물을 고르게 인식하라 말합니다.

너와 나를 나누는 마음이 없어지면
집착(執着)도 여의는 것을…….

* 미혹: 마음이 흐려지도록 무엇에 홀림을 말합니다.

돈오와 점수

돈오는 단박에 깨치는 것이며
점수는 천천히 깨쳐 나가는 것입니다.

돈오와 점수는 비교할 수가 없습니다.
시간이란 관념으로 나누어 놓은 것일 뿐

분별이 없이 집착을 여의는 선(禪)에
단박에 깨치든 천천히 깨치든
돈오와 점수를 나눌 이유는 없습니다.

성인은 말합니다.
굳이 나누겠다면
돈오로 시작해서 점수로 끝내라고…….

윤회

윤회는 주체가 있어 돌고 도는 것입니다.
삶의 시작과 끝이 있기에…….

죽음과 죽음 이후에 대한 막연한 공포
알지 못하니 멍하기만 합니다.

사람들은 말합니다.
착한 일을 하면 좋은 세상으로 윤회하고
나쁜 일을 하면 고통스러운 세상으로 윤회한다고…….

그러나 현재의 나와
죽음 이후의 미래의 나는 같을 수가 없습니다.

윤회는 멀거나 가까운 우주의 건너편에
존재하는 세상에 태어나는 것이 아닌
살아 있는 동안 내 마음에서 돌고 돕니다.
윤회는 스스로 밝지 못한 그대를 여기저기 끌고 다닌답니다.

수행

수행은 맑고 청정한 행위를 위한 노력입니다.
수행은 욕심으로부터 멀어져야 합니다.

수행은 몸과 마음을
조절하는 데 필요한 노력입니다.

넘쳐나지 않거나 부족함이 없는 자기 조절은
지나치지 않는 행동을 낳는 법입니다.

수행은 누구나 할 수 있습니다.
우리 모두는 살아 있는 동안 수행자입니다.

죄

죄란 부끄럽거나 싫어하는 일을 저지른 행위입니다.
죄란 인간이 만든 법을 어기는 행위입니다.

죄란 알고도 짓고 모르고도 짓는 것입니다.
죄를 일부러 의식하지 마세요.
우리 모두는 살면서 죄를 저지르고 삽니다.

모두에게 부끄럽지 않고 좋아하는 일을 한다면
죄가 발 붙일 곳이 어디 있겠습니까?

상대를 괴롭히지 않고 스스로 마음 편히 지내면
죄는 스스로 사라진답니다.

선과 악

무엇을 선과 악이라 하나요?
부끄럽지 않음(부끄럽지 않은 일)과
좋아함(좋아하는 일)을 선이라 하고
부끄러움(부끄러운 일)과
싫어함(싫어하는 일)을 악이라 합니다.

시간과 공간을 초월하여 보편적으로 부르는 선과 악이 있다면
모든 우주의 사물(동식물 등)들에게 공통적으로 적용되는
선과 악이 있어야 합니다.
동식물에게도 선과 악이 있을까요?

인류가 생긴 초기 단지 살아가기 위한 행동만 있을 뿐
선과 악은 나뉘어 있지 않습니다.

인류가 만든 선과 악은 시대에 따라 변합니다.
변하지 않을 것 같은 시간(時間)조차도 변하는데
선과 악이라고 변하지 않겠습니까?

선과 악은 사회의 질서와 함께 흐릅니다.
선과 악이 우리모두가 경험하는
본래 무(無)임을 깨닫는 다면
같은 시대를 살아가는 모든 생명에게
불편한 삶을 주지 않게 됩니다.

그래도 고개를 갸우뚱거리는 우리네 인생은
오늘도 흘러갑니다.